Réussis ton orientation scolaire et professionnelle !

Elisabeth Vitrani

Apprendre-orienter.com

Note aux parents

Selon une étude publiée par Dell et l'Institut pour le futur, 85 % des emplois de 2030 n'existent pas encore. Néanmoins, certains métiers du futur se profilent déjà aujourd'hui.

Ainsi, dès la classe de seconde, il est déjà proposé aux jeunes de s'orienter vers un cursus général, technologique ou professionnel. Et cela est d'autant moins évident pour le jeune que l'adolescence est souvent une période de questionnement.

En terminale, outre les résultats obtenus et les appréciations des professeurs, un projet argumenté est aussi demandé dans **Parcoursup**. Ce qui signifie que le jeune doit avoir une bonne connaissance de lui-même, de ce qu'il fait et de la raison des choix de filières vers lesquelles ils souhaitent s'orienter.

Pourtant, Parcoursup n'est qu'**un intermédiaire,** une étape, et non une finalité en soi. Derrière « la machine » se trouve des personnes qu'il convient de contacter et/ou de rencontrer dans son **processus d'orientation**. De telles initiatives témoignent aussi de la motivation du jeune (à condition que ce soit le jeune qui fasse les démarches et pas ses parents !).

Les établissements, les professionnels portent une attention toute particulière à sa capacité à prendre des décisions, à construire un projet cohérent avec ses compétences, à son ouverture d'esprit ou encore à sa capacité d'adaptation.

Les activités en dehors de l'école sont aussi importantes et permettent au jeune de se démarquer : sport, participation à des associations, dessin… Elles apparaissent comme la preuve de son engagement et de l'acquisition de compétences utiles et complémentaires pour son avenir comme la capacité à se fixer et à **atteindre un objectif**.

Et l'échec n'est pas rédhibitoire : il fait partie de tout apprentissage quel qu'il soit.

Au regard de Parcoursup, le jeune dispose de 3 ans à partir de la seconde pour construire son orientation et ainsi forger son avenir.

3 ans, cela peut paraître beaucoup mais, en fait, s'informer sur les formations, les métiers et apprendre à se connaître sont essentiels. Cela prend du temps et témoigne d'une **réelle compétence**.

Il s'agit **d'apprendre à bâtir un projet**, et en l'occurrence ici son **projet personnel d'orientation.**

Ce guide a donc pour objectif d'aider le jeune à construire son projet d'orientation pas à pas (pas dans l'urgence mais de façon continue) et à son rythme.

L'orientation ne s'improvise pas !

Introduction

Construire ton orientation

Ce carnet a pour objectif de t'aider dans le cadre de ton orientation scolaire. Il s'adresse essentiellement aux collégiens et aux lycéens. Mais ce carnet peut aussi être très utile si tu es étudiant car la démarche pour **bâtir un projet** - quel qu'il soit - est semblable.

Il s'agit d'acquérir une **réelle compétence** qui pourra d'ailleurs t'être utile dans n'importe quel autre projet.

L'idée est de te guider pour construire ton **projet d'orientation personnel** en lien avec ton potentiel et tes affinités.

L'extra-scolaire est important.

Bien évidemment, ton parcours scolaire est à prendre en compte.

Mais sache que ce que tu fais à l'extérieur (c'est-à-dire tes activités extra-scolaires, tes loisirs) peut l'être tout aussi, et parfois même plus.

En effet, l'ensemble de ces activités témoigne de tes centres d'intérêt et de ton ouverture d'esprit. Bien que « l'école » prenne du temps, tu n'y passes pas ta vie…

Construire son propre chemin

Un objectif peut être atteint de différentes manières. Quoi qu'on puisse en dire, Il n'y a pas de parcours idéal mais il y a **ton parcours idéal**. Certains suivent une voie dite « classique », d'autres entrent sur le marché du travail plus tôt et reprennent leurs études ensuite. L'idée est de choisir ce qui te convient le mieux, par rapport **à ta propre situation**, pour préparer demain et « après-demain ». Chaque individu est unique et construit son propre chemin.

S'orienter s'anticipe et requière de la rigueur

T'informer et réfléchir sur ton futur est essentiel. Apprendre à construire ton projet requière une réelle discipline et cela s'apprend comme n'importe quelle autre matière. Plus tu t'y mets tôt, plus tu vas te créer des opportunités qui t'aideront à construire ton avenir.

Ainsi, **tu auras le temps de changer d'avis** en fonction de ce que tu auras appris et des personnes que tu auras rencontrées pour t'aider à valider ton projet : enseignants, professionnels … Peut-être même que tu découvriras l'intérêt futur de certaines matières et que tu décideras de les travailler plus pour atteindre les objectifs que tu te seras préalablement fixés.

Bien se connaître : une des clés du succès

Certains savent déjà ce qu'ils veulent faire plus tard soit parce qu'ils ont déjà toutes les informations du fait de leur environnement, soit parce qu'ils se sont découvert une passion tôt. Pour d'autres, ce n'est pas encore le cas.

Ce livret t'aidera à rassembler toutes les informations utiles à la construction de ton parcours. Il évoluera avec toi en fonction de tes expériences.

Lorsque tu devras rédiger un CV, une lettre de motivation ou un projet motivé et passer un entretien, tu auras ainsi, à portée de main, tous les éléments nécessaires. Progressivement, tu apprendras à mieux te connaître et à être acteur de tes choix ou **pro-actif**, une compétence, d'ailleurs, elle aussi, très recherchée.

Ce carnet évoluera avec toi, à ton rythme, et se précisera au gré de tes apprentissages et de tes découvertes.

La démarche en quelques mots, s'articule autour de trois points qui consistent à :

1 : Apprendre à mieux te connaître et à identifier tes atouts

2 : Bâtir ton projet d'orientation

3 : Définir ton plan d'action

Ton guide est structuré de la façon suivante :

- Te fixer des objectifs pour compléter ton parcours d'orientation et s'engager à s'y tenir ;
- Une introspection pour mettre en lumière tes goûts, tes centres d'intérêts et tes aspirations ainsi que l'environnement dans lequel tu évolues ;
- Une mise à plat de tes compétences tant « techniques » (c'est-à-dire tes connaissances acquises, les savoir-faire que tu maîtrises) que « comportementales » (ta capacité à communiquer, à interagir avec les autres, ta motivation, ton autonomie, ta capacité d'adaptation, …) ;
- Une recherche des métiers qui t'attirent et des circuits de formations requis (en faisant la liaison avec les choix de filières et des spécialités/options appropriées), des compétences nécessaires pour les exercer (en faisant le lien avec celles que tu possèdes déjà) ;
- Définir un plan d'action d'orientation (choix des cursus, compétences complémentaires à acquérir, etc…) ;
- Etablir ton CV et ton projet d'orientation motivé.

Tu seras guidé pas à pas à chaque étape.

C'est parti !

L'usage du crayon de papier est ton meilleur allié. Tu peux faire autant d'allers-retours que tu souhaites, effacer et recommencer si besoin. Tu peux laisser mûrir ton projet et le reprendre plus tard avec un autre regard.

Le fait de rédiger ton projet et de rechercher toi-même les informations te permettront, entre autres, d'acquérir des compétences telles que l'autonomie ou encore d'aiguiser ton esprit critique. En effet, tu pourras te rendre compte que, parfois, des informations peuvent être contradictoires ou différentes en fonction du contexte et qu'il peut être nécessaire de se renseigner auprès de plusieurs sources.

Bien sûr, tu peux demander de l'aide et cela est même conseillé pour te guider. Mais sans pour autant que les personnes sollicitées fassent tout à ta place : ce serait certainement contre-productif.

Réussis ton orientation scolaire et professionnelle !

Note aux parents

Introduction

1. **Parcoursup**

2. **Pour quoi toutes ces matières et/ou ces spécialités ?**
   a. Le choix des spécialités dans la voie générale
   b. Le choix des spécialités dans la voie technologique
   c. La voie professionnelle

3. **Qu'est-ce qu'un objectif ?**

4. **Je définis mon environnement**

5. **Je définis ce qui est important pour moi**

6. **Je définis mes centres d'intérêts**

7. **Je définis mes compétences**

8. **J'identifie des pistes de secteurs d'activité**

9. **Je définis les métiers et/ou domaines qui m'intéressent**
   a. Enquêtes
   b. Formations et compétences attendues

10. **Je fais un bilan et un plan d'action**

11. Je construis mon CV

12. Je rédige mon projet motivé

1. Parcoursup

Parcoursup est une plateforme mise en place en 2018. Elle a remplacé APB (Admission Post-Bac).

Connaître en amont ce qui sera demandé dans **Parcoursup** t'aidera à bâtir ta candidature et à anticiper les demandes.

Pour candidater, il te sera demandé les éléments suivants :

- **Un projet de formation motivé** : il permet d'apprécier ton intérêt pour une formation, tes connaissances de son programme et ce que tu prévois de faire grâce à celle-ci. Il témoigne de la cohérence du cursus que tu envisages de suivre.
- **Tes notes et l'appréciation de tes professeurs des classes de Première et Terminale** qui permettent par exemple, d'évaluer ta rigueur ou encore ta participation en cours ou encore ta position par rapport à la moyenne de la classe.
- **Tes activités extra-scolaires et centres d'intérêts** : Ce sont des sources d'acquisition de compétences complémentaires et elles peuvent être utiles pour démarquer ta candidature.

Comme tu peux le constater, beaucoup d'informations te seront demandées. Mais ne t'inquiètes pas ! Ce carnet de route est là pour t'aider à compléter toutes ces rubriques et à construire un projet d'orientation qui t'est propre.

Pour commencer, je te propose de décrire ce que tu aimes et ce que tu n'aimes pas, que ce soit en cours et en dehors des cours. Ecris **tout ce qui te vient à l'esprit**.

Réussis ton orientation scolaire et professionnelle !

J'aime	Je n'aime pas
- Lire - Faire la fête - Voir les copains - Jouer aux jeux vidéo …	- Être seul - La campagne - Les maths …

2. Pour quoi toutes ces matières et/ou ces spécialités ?

T'es-tu déjà posé la question de ce à quoi servent les matières que tu étudies ? Il y en a tellement que tu ne te poses peut-être même plus la question.

Si certaines matières semblent immédiatement utiles dans la vie de tous les jours pour t'aider à mieux appréhender ton environnement, d'autres, au contraire, peuvent te paraître très abstraites voire inutiles…

Néanmoins, connaître ce à quoi peuvent servir les différentes matières est le gage de ne pas négliger celles qui sont essentielles à tes choix d'orientation. Ainsi délaisser totalement les mathématiques ou l'économie quand on souhaite faire carrière dans la communication peut se révéler risqué car certains postes dans la communication requièrent, par exemple, de savoir établir et suivre un budget.

Pour ce faire, je te propose de compléter le tableau ci-dessous avec deux critères :

1. Ce que cette matière et/ou spécialité peut t'apporter dans la vie de tous les jours.
2. L'intérêt de cette matière au niveau de la société au sens large.

Tu trouveras quelques pistes et des exemples, n'hésite pas à te renseigner auprès de tes enseignants si besoin.

Réussis ton orientation scolaire et professionnelle !

Matières/Spécialités	Ce que je peux faire dans la vie de tous les jours	Intérêts dans la société
Langues étrangères	Voyager Discuter avec un ou des correspondants sur les réseaux sociaux …	Communiquer avec des personnes qui ne parlent pas la même langue. S'intéresser à d'autres cultures, lire la presse étrangère …
Physique/chimie	Cuisiner c'est aussi faire de la chimie …	Augmenter l'espérance de vie grâce aux vaccins …
Economie	Comprendre l'impact de l'économie dans la vie de tous les jours : budget, investissements personnels …	Comprendre l'actualité liée à l'économie et ses impacts en France et dans le monde …

Matières/Spécialités	Ce que je peux faire dans la vie de tous les jours	Intérêts dans la société

Matières/Spécialités	Ce que je peux faire dans la vie de tous les jours	Intérêts dans la société

Réussis ton orientation scolaire et professionnelle !

Matières/Spécialités	Ce que je peux faire dans la vie de tous les jours	Intérêts dans la société

Matières/Spécialités	Ce que je peux faire dans la vie de tous les jours	Intérêts dans la société

a. Le choix des spécialités dans la voie générale

Dès la classe de seconde, il t'est demandé de choisir trois spécialités que tu devras suivre en classe de première. Puis, tu devras en abandonner une en terminale. Ce choix pourra se faire en fonction de tes goûts et de tes résultats en seconde.

Il est important de savoir vers quelles études supérieures, métiers ou encore vers quels types d'activités ces matières te permettront de t'orienter.

Idéalement avant de choisir tes spécialités, il serait aussi souhaitable de consulter le programme détaillé que tu trouveras sur le site www.education.gouv.fr et de poser les questions suivantes dans ton lycée. Cela te donnera déjà quelques indications :

- Vers quelles filières se dirigent les lycéens ayant choisis telle et telle spécialité ?
- Combien sont-ils ?
- Où vont-ils ?
- Que font-ils après ?

Si tu penses déjà savoir quelle formation précise tu souhaites faire après le bac, alors n'hésite pas à **contacter l'établissement concerné** pour lui demander quelles spécialités sont recommandées pour postuler chez eux. Tu peux aussi te rendre sur le site de Parcoursup qui est accessible à tout le monde.

Si tu ne sais pas, l'idée est de choisir les spécialités qui te laisseront **le plus de choix possibles**. Si tes résultats sont moyens et que tu souhaites à tout prix choisir une matière, tu pourras peut-être la travailler plus ou prendre des cours de soutien.

Remarques :

Si tu souhaites créer des jeux vidéo, les deux spécialités retenues pourront être « Art » et « Numérique et Sciences de l'informatique ». Pour travailler dans le domaine du tourisme, ce sera plutôt « Histoire-Géographie-Géopolitique et Sciences Politiques » et « Langues et Littératures et Cultures Etrangères et Régionales ».

Pour intégrer certains établissements, certaines matières sont incontournables, comme les mathématiques, par exemple, d'où l'intérêt aussi de se renseigner en amont.

Voici un rappel des matières du tronc commun et des spécialités dans l'enseignement général :

Source : education.gouv.fr

Seconde	Première	Terminale
Enseignement du tronc commun		
	Enseignement moral et civique	
Education Physique et Sportive		
Français		
Histoire-Géographie		
Langues Vivantes		
Mathématiques		
Physique-Chimie		
Sciences de la Vie et de la Terre (SVT)		
Sciences Economiques et Sociales (SES)		
Sciences Numériques et Technologie		
	Enseignement scientifique	
Spécialités		
	Histoire-Géographie, Géopolitique et Sciences Politiques (HGGSP)	
	Humanités, Littérature et Philosophie (HLP)	
	Langues, Littératures et Cultures Etrangères et Régionales (LLCER) Anglais-Allemand-Espagnol-Italien-Langues régionales	
	Littérature, Langues et Cultures de l'Antiquité Latin et/ou Grec ancien (LLCA)	
	Mathématiques	
	Numérique et Sciences Informatiques (NSI)	
	Physique-Chimie	
	Sciences de l'Ingénieur	
	Sciences de la Vie et de la Terre (SVT)	
	Sciences Economiques et Sociales (SES)	
	Arts	
	Biologie Ecologie (Lycées agricoles)	

b. Le choix des spécialités dans la voie technologique

Si tu souhaites professionnaliser plus rapidement ton cursus, tu peux opter pour la voie technologique. Elle pourra aussi te permettre d'accéder aux études supérieures par la suite.

Tu trouveras ci-dessous les 8 séries technologiques ainsi que leurs spécialités.

Remarque :

Tu peux faire un parallèle entre « **Design et métier d'art** » et « **Outils et langages numériques** » proposés dans la voie technologique et « **Art** » et « **Numérique et Sciences de l'informatique** » dans la voie générale.

Les combinaisons de spécialités par série de la voie technologique ne sont pas anodines. Elles sont complémentaires …

Sources : education.gouv.fr et horizons21.fr

Séries	Spécialités	Exemple de débouchés
Sciences et technologies de l'industrie et du développement durable (STI2D)	Innovation technologique Ingénierie et développement durable Physique-chimie et mathématiques	Informatique, mathématiques et numérique Sciences, technologie, ingénierie et mathématiques
Sciences et technologies du design et des arts appliqués (STD2A)	Physique-chimie Outils et langages numériques Design et métiers d'art	Arts et industries culturelles
Sciences et technologies du management et de la gestion (STMG)	Droit et économie Management Sciences de gestion et numérique	Hôtellerie, restauration et métiers du tourisme Sciences économiques et de gestion Sciences humaines et sociales Métiers de la Finance
Sciences et technologies de la santé et du social (ST2S)	Physique, Chimie pour la santé Biologie et physiopathologie Sciences et techniques sanitaires et sociales	Sciences humaines et sociales

Séries	Spécialités	Exemple de débouchés
Sciences et Technologies de Laboratoire (STL)	Physique-chimie et mathématiques. Biochimie-biologie Biotechnologies ou sciences physiques et chimiques en laboratoire	Sciences du vivant et géosciences Sciences, technologie, ingénierie et mathématiques
Sciences et Technologies de l'Agronomie et du Vivant (STAV)	Gestion des ressources et de l'alimentation Territoires et sociétés Technologie	Sciences du vivant et géosciences
Sciences et Technologies de l'Hôtellerie et de la Restauration (STHR)	Enseignement scientifique alimentation-environnement Sciences et technologies culinaires et des services Économie et gestion hôtelière	Hôtellerie, restauration et métiers du tourisme Sciences économiques et de gestion
Sciences et Techniques du Théâtre de la Musique et de la Danse (S2TMD)	Économie, droit et environnement du spectacle vivant Culture et sciences chorégraphiques ou musicales ou théâtrales Pratique chorégraphique ou musicale ou théâtrale	Arts et industries culturelles

Sur le site horizons21.fr, tu trouveras le détail des débouchés en termes de formations et de métiers possibles.

c. La voie professionnelle

Si tu décides d'apprendre le plus rapidement un métier, tu peux enfin opter pour la voie professionnelle. Deux diplômes sont accessibles après la troisième : le CAP (Certificat d'Aptitude Professionnelle) et le baccalauréat professionnel. En ce qui concerne le CAP, il prépare un métier dans environ 200 spécialités. Le Bac Professionnel permet, lui, de continuer des études dans l'enseignement supérieur et notamment en BTS (Brevet de Technicien Supérieur).

Ce peut être une excellente solution pour débuter sa carrière et acquérir de l'expérience dans un métier porteur.

A noter qu'il est préférable d'avoir un excellent dossier dans une filière professionnelle ou technologique qu'un dossier plutôt moyen dans la filière générale.

3. Qu'est-ce qu'un objectif ?

Il est possible qu'à ce stade, tu n'aies pas défini clairement **tes objectifs**. Néanmoins il est intéressant de rappeler la définition d'un bon objectif.

SMART est un moyen mnémotechnique pour t'aider à le ou les définir.

Un objectif SMART satisfait les critères suivants :

S comme Spécifique : ton objectif est clairement défini et précis.

Exemple : je veux trouver ma voie. Cela est vague. Cependant je veux trouver les spécialités en concordance avec ce que je veux faire plus tard et mes compétences est déjà plus précis.

M comme Mesurable : ton objectif est quantifié.

A comme Atteignable : j'ai les moyens d'atteindre mon objectif ou je peux me donner les moyens de l'atteindre. J'ai toutes les informations nécessaires pour atteindre mes objectifs.

R comme Réaliste : Je veux partir à l'étranger. Je vérifie que j'aurai les moyens nécessaires pour subvenir à mes besoins : nourriture, logement, argent…

T comme Temporellement défini : Je me fixe un « temps limite ».

Précision :

Je veux être épanoui dans ma future carrière est un but. Ce n'est pas un objectif car les critères énoncés ci-dessus ne sont pas vérifiés. En revanche : dans 6 mois, je veux avoir trouvé 5 métiers/filières qui pourraient m'intéresser et les trois spécialités qui me permettront le mieux de m'orienter vers ces activités.

Pour t'aider à atteindre ton **objectif**, tu vas te fixer des **sous-objectifs** avec une date limite de réalisation.

Dans le tableau ci-dessous, chaque sous-objectif correspond à une partie développée dans de ce livret pour t'aider à atteindre ton objectif et bâtier ton projet personnel d'orientation. Tu peux aussi définir toi-même des sous-objectifs.

Mes sous-objectifs	Actions	Date de début	Date de fin
Je définis mon environnement	Compléter mon carnet de route		
Je définis ce qui est important pour moi	Compléter mon carnet de route		
Je définis mes centres d'intérêts	Compléter mon carnet de route		

Mes sous-objectifs	Actions	Date de début	Date de fin
Je définis mes compétences	Compléter mon carnet de route		
Je définis des pistes de secteurs d'activité	Compléter mon carnet de route Recherches sur Internet…		
Je définis les métiers et/ou secteurs qui m'intéressent	Compléter mon carnet de route Aller au salon des métiers x Effectuer 3 enquêtes métier…		

Réussis ton orientation scolaire et professionnelle !

Mes sous-objectifs	Actions	Date de début	Date de fin
Je fais un bilan	Compléter mon carnet de route		
Je détermine mon plan d'action	Compléter mon carnet de route		
Je construis mon CV			

Mes sous-objectifs	Actions	Date de début	Date de fin
Je rédige un projet motivé			

4. Je définis mon environnement

L'objectif de cette partie est d'identifier les impacts que ton environnement peut avoir sur tes apprentissages et tes choix d'orientation afin d'y apporter des mesures correctives, le cas échéant, et de définir, in fine, un environnement dans lequel tu aimerais idéalement évoluer.

Ton environnement c'est-à-dire ta ville, ton quartier, ton école, tes professeurs, ton entourage proche (parents, famille, amis…) exerce une influence. En effet, il peut, par certains aspects, être une source d'opportunités (accès facilité à des informations, activités ou à des professionnels, présence d'universités ou de grands écoles, …) ou bien de contraintes (difficultés financières, éloignement des structures de formation, etc…). A toi de bien identifier ces **opportunités** et **contraintes** et de les prendre en compte dans ton projet personnel d'orientation.

Par exemple, si ton cadre de vie ne te convient pas pour étudier, peut-être que tu peux l'améliorer ou trouver un autre endroit pour le faire : la bibliothèque, chez un grand-parent, etc…

Si tu délaisses une matière parce que tu n'apprécies pas un professeur, il peut être judicieux d'en discuter avec lui et/ou de trouver une aide extérieure dans cette matière sur Internet ou auprès d'amis, ou bien encore de prendre des cours de soutien à l'extérieur. En effet, tu pourrais regretter d'avoir « baisser les bras », s'il s'avère que cette matière est essentielle à ton parcours scolaire futur, au regard des métiers ou filières que tu envisages.

Enfin, pour arriver à tes fins, il existe souvent plusieurs voies et les coûts d'apprentissage, par exemple, peuvent être assez larges. Tu pourras aussi en tenir compte dans ton approche.

L'idée étant de prendre conscience de tes opportunités et de tes contraintes pour les exploiter et d'avoir le temps pour trouver des solutions et atteindre tes objectifs.

Je vais te proposer de compléter le tableau ci-dessous :

Réussis ton orientation scolaire et professionnelle !

Mon environnement aujourd'hui		Opportunités	Contraintes	J'aimerais	Solutions possibles
Mon environnement proche	Mon cadre de travail		*Je partage ma chambre avec mon petit frère de 6 ans.*	*Etudier au calme.*	*Etudier à la bibliothèque une fois par semaine.*
	Ma famille (Professions…)	*Ma famille travaille dans des secteurs d'activité très variés : commerce, finance, artistique.*		*Me renseigner sur les secteurs d'activité.*	*D'abord me renseigner auprès de ma famille pour avoir plus d'informations.*
			Je n'aurai pas les moyens de financer mes études		*Travailler les week-ends, l'été* *Me renseigner sur les aides possibles : bourses…* *Me renseigner sur les prêts étudiants et leurs conditions.*
	Mon cadre de vie ou l'endroit où je vis (campagne, ville…)		*Je mets deux heures aller-retour pour aller au lycée.*	*Avoir plus de temps pour étudier.*	*Profiter du temps de trajet pour réviser le vocabulaire d'anglais.*

Réussis ton orientation scolaire et professionnelle !

Mon environnement aujourd'hui		Opportunités	Contraintes	J'aimerais	Solutions possibles
Mon environnement proche	Mes activités				
	Mes amis				

Réussis ton orientation scolaire et professionnelle !

	Mon environnement aujourd'hui	Opportunités	Contraintes	J'aimerais	Solutions possibles
En cours	Mes professeurs		J'ai du mal à comprendre les cours de mon professeur de mathématiques.	Progresser	En discuter avec mon professeur. Trouver des cours sur Internet. Prendre des cours de soutien.
	Mes copains				
	Mon établissement				

Réussis ton orientation scolaire et professionnelle !

Mon environnement aujourd'hui		Opportunités	Contraintes	J'aimerais	Solutions possibles

5. Je définis ce qui est important pour moi

Les valeurs constituent ce qui est important pour toi à un instant T. Celles-ci peuvent **évoluer** avec le temps en fonction de tes expériences et différents contextes que tu rencontreras.

Exemple : j'aimerais plus tard être épanoui dans mon travail. Être épanoui peut signifier beaucoup de choses. C'est vague.

Tu peux te poser la question de ce que signifie pour toi être épanoui : profiter de ta famille ? Être proche de la nature ? Vivre confortablement ? ..... Ainsi de suite :

Que signifie **pour toi** « profiter de ta famille ? » : la voir tous les jours ? ...

Que signifie **pour toi** « Être proche de la nature ? » : vivre au bord de la mer ? ...

Que signifie **pour toi** « Vivre confortablement ? » : vivre dans une maison de 200m² ? ...

Autre exemple : le respect est une valeur importante pour toi. Tu peux préciser ce que signifie le respect pour toi.

En effet, le respect ou toute autre valeur peut avoir **un sens très différent selon les individus** d'où l'importance de préciser ce que signifie **pour toi** telle ou telle valeur.

Définir précisément tes valeurs t'aidera à mieux rechercher les filières et métiers qui sont en adéquation avec celles-ci.

Je te propose de lister ce qui est important pour toi aujourd'hui, ton ou tes buts et de préciser ce que cela signifie **pour toi** concrètement. Tu trouveras ci-dessous quelques exemples :

Ce qui est important pour moi	Mon but	Signification pour moi
Famille	Profiter de ma famille	La voir tous les jours
Nature	Être proche de la nature	Vivre au bord de la mer
Amis	Voir souvent mes amis	Sortir tous les week-ends*

*Un métier dans la restauration peut ne pas convenir à une personne dont sortir tous les week-ends est important pour lui.

6. Je définis mes centres d'intérêts

L'idée dans cette partie est de définir tes centres d'intérêt et **pas forcément ce que tu fais aujourd'hui.**

Dans la liste ci-dessous, tu complètes **ce qui t'intéresse par « oui » ou par « non »**. Tu peux ajouter d'autres centres d'intérêts.

Si dans ce qui t'intéresse **mais aussi dans ce qui ne t'intéresse pas**, tu te sens capable de le faire, n'hésite pas à le mentionner.

En effet, tu peux avoir un centre d'intérêt et ne pas te sentir capable de le faire aujourd'hui (par exemple peindre) et inversement, tu te sens capable mais cela ne t'intéresse pas (on peut être tout à fait capable de cuisiner sans pour autant aimer cela).

Réussis ton orientation scolaire et professionnelle !

Mes centres d'intérêt	Oui/Non	Je suis ou je me sens capable de : Oui/Non
Travailler avec tes mains		
Activités de raisonnement - Raisonner		
Voyager - Découvrir		
Aider les autres		
Débattre		
Calculer		
Activités d'extérieur, de plein air		
Résoudre des problèmes		
Cinéma, théâtre		
Rencontrer de nouvelles personnes		
Diriger		
Classer		
Construire		
Faire des expériences		
Danser, musique		
Conseiller		
Convaincre		
Organiser		
Me dépenser physiquement		
Réfléchir sur les relations avec les autres		
Peindre, sculpter		
Eduquer		
Influencer		
Informatique		
Réparer		
Créer		
Utiliser les nouvelles technologies : réseaux sociaux …		
Lire		
Transmettre		
Vendre - Négocier		
Utiliser des outils		
Ecrire		
Soigner		
Faire des vidéos		
Prendre la parole en public		
Inventer		
Démontrer		

Autres centres d'intérêts ? :	Oui/Non	Je suis ou je me sens capable de : Oui/Non
Construire une maquette		
Autres centres d'intérêts ? :	**Oui/Non**	**Je suis ou je me sens capable de : Oui/Non**

7. Je définis mes compétences

Dans cette partie, tu vas te rendre compte de tes capacités. Que ce soit **en cours** ou **en dehors des cours**, tu acquières des compétences.

Les compétences peuvent se définir comme un ensemble de :

- **Savoirs** : Ce sont tes connaissances acquises **en cours** et **en dehors** : français, maths, foot (règles du jeu) …
- **Savoir-faire** : Ce sont tes actions, **ce que tu fais**.
- **Savoir-être** : ce sont tes qualités personnelles, tes comportements, tes attitudes.

Tes compétences sont exercées dans un **contexte particulier**. Par exemple, si tu avances que tu prends facilement la parole, il conviendra d'apporter **des preuves** de tes affirmations avec des **exemples concrets**.

Plus tu as des activités diverses (sports, jeux …), plus tu développes des compétences à condition que tu le fasses **régulièrement**. Ainsi tu développes une certaine maîtrise.

Enfin un « savoir » non négligeable est **ta capacité à montrer tes capacités**. C'est ce que tu feras dans ton CV, ta lettre de motivation ou encore un entretien.

Pour définir tes capacités, tu peux, par exemple, commencer une phrase comme :

J'ai réalisé 30 maquettes de plus de 3000 pièces, je suis donc capable de persévérer jusqu'au bout (savoir-être).

La persévérance est une compétence utile dans d'autres situations.

Ou encore :

Je suis capable de faire des présentations orales (savoir-faire) en anglais (savoir) car je fais un exposé en classe tous les mois. Par exemple, j'ai fait une présentation sur tel sujet la semaine dernière et j'ai eu telle appréciation.

Ce que tu fais en cours te permet d'acquérir des compétences. Savoir faire des présentations orales en anglais peut être utile dans d'autres circonstances.

Ou encore :

Je fais de la compétition au tennis. Cette année, j'ai gagné 5 fois sur 7 matchs à telles compétitions. Je suis donc capable de gérer mon stress (savoir-être) pour gagner.

Remarques :

- Savoir gérer son stress est aussi important pour passer un examen et dans d'autres situations.

- Si tu joues au foot trois fois par an avec des copains en vacances, on ne peut pas réellement parler de compétences footballistiques.

Tu peux passer toutes tes matières en revue et tes activités (sport, cuisine, dessin…), puis, compléter le tableau ci-dessous pour définir tes compétences acquises en cours et en-dehors des cours.

En ce qui concerne les matières et/ou spécialités que tu étudies, tu trouveras les programmes détaillés sur le site **education.gouv.fr** ou eduscol.fr ainsi que les compétences attendues.

Tu peux te faire aider par tes professeurs par exemple et consulter tes bulletins scolaires. Dans la colonne savoir-faire, utilise des verbes d'action.

Réussis ton orientation scolaire et professionnelle !

Mes compétences :

Savoir	Savoir-faire	Savoir-être	Preuves (Exemples concrets)
En cours			
Anglais	**Présenter** des exposés en anglais	Bonne élocution Synthétique	Chaque mois, je réalise un exposé. Le mois dernier c'était sur le thème des écrivains anglo-saxons…
Maths	**Résoudre** des problèmes mathématiques complexes	Rigueur	

Savoir	Savoir-faire	Savoir-être	Preuves (Exemples concrets)
En cours			

Savoir	Savoir-faire	Savoir-être	Preuves (Exemples concrets)
En cours			

Savoir	Savoir-faire	Savoir-être	Preuves (Exemples concrets)
En dehors des cours			
Connaissances des règles tennistiques	**Participer** à des compétitions de tennis	Gestion du stress	J'ai participé au tournoi X à Paris qui a duré 3 heures…

Savoir	Savoir-faire	Savoir-être	Preuves (Exemples concrets)
En dehors des cours			

Savoir	Savoir-faire	Savoir-être	Preuves (Exemples concrets)
En dehors des cours			

Tu as maintenant un panorama de toutes tes compétences. Plus tu auras de l'expérience (activités, stages, participation à des projets ou encore dans des associations…), plus tu pourras mettre à jour ce tableau avec des exemples plus récents et des contextes différents.

8. J'identifie des pistes de secteurs d'activité

Voici une grille de secteurs d'activités telles que définie par l'INSEE. Je te propose de cocher les secteurs d'activité qui t'intéressent ou qui pourraient t'intéresser. Tu peux ajouter d'autres intitulés.

Source : INSEE

Intitulé	
Culture et production animale, chasse et services annexes	
Sylviculture et exploitation forestière	
Pêche et aquaculture	
Industries extractives	
Fabrication de denrées alimentaires, de boissons et de produits à base de tabac	
Fabrication de textiles, industrie de l'habillement, industrie du cuir et de la chaussure	
Travail du bois et fabrication d'articles en bois et en liège, à l'exception des meubles ; fabrication d'articles en vannerie et sparterie	
Industrie du papier et du carton	
Imprimerie et reproduction d'enregistrements	
Cokéfaction et raffinage	
Industrie chimique	
Industrie pharmaceutique	
Fabrication de produits en caoutchouc et en plastique	
Fabrication d'autres produits minéraux non métalliques	
Métallurgie	
Fabrication de produits métalliques, à l'exception des machines et des équipements	
Fabrication de produits informatiques, électroniques et optiques	
Fabrication d'équipements électriques	
Fabrication de machines et équipements	
Industrie automobile	
Fabrication d'autres matériels de transport	
Autres industries manufacturières	
Réparation et installation de machines et d'équipements	
Production et distribution d'électricité, de gaz, de vapeur et d'air conditionné	
Captage, traitement et distribution d'eau	
Collecte et traitement des eaux usées, traitement des déchets et dépollution	
Construction	
Commerce et réparation d'automobiles et de motocycles	
Commerce de gros, à l'exception des automobiles et des motocycles	
Commerce de détail, à l'exception des automobiles et des motocycles	
Transports terrestres et transport par conduites	

Transports par eau	
Transports aériens	
Entreposage et services auxiliaires des transports	
Activités de poste et de courrier	
Hébergement et restauration	
Edition	
Production de films cinématographiques, de vidéo et de programmes de télévision ; enregistrement sonore et édition musicale ; programmation et diffusion	
Télécommunications	
Programmation, conseil et autres activités informatiques ; services d'information	
Activités des services financiers, hors assurance et caisses de retraite	
Assurance	
Activités auxiliaires de services financiers et d'assurance	
Activités immobilières	
Dont : loyers imputés des logements occupés par leur propriétaire	
Activités juridiques et comptables ; conseil de gestion ; activités des sièges sociaux	
Activités d'architecture et d'ingénierie ; activités de contrôle et analyses techniques	
Recherche-développement scientifique	
Publicité et études de marché	
Autres activités spécialisées, scientifiques et techniques et activités vétérinaires	
Activités de location et location-bail	
Activités liées à l'emploi	
Activités des agences de voyage, voyagistes, services de réservation et activités connexes	
Enquêtes et sécurité ; services relatifs aux bâtiments et aménagement paysager ; autres activités de soutien	
Administration publique et défense ; sécurité sociale obligatoire	
Enseignement	
Activités pour la santé humaine	
Hébergement médico-social et social et action sociale sans hébergement	
Arts, divertissement et musées	
Activités sportives, récréatives et de loisirs	
Activités des organisations associatives	
Réparation d'ordinateurs et de biens personnels et domestiques	
Autres services personnels	
Activités des ménages en tant qu'employeurs ; activités indifférenciées des ménages en tant que producteurs de biens et services pour usage propre	
Activités des organisations et organismes extraterritoriaux	

Réussis ton orientation scolaire et professionnelle !

9. Je définis les métiers et/ou domaines qui m'intéressent

Maintenant que tu as relevé tes centres d'intérêts et les secteurs d'activité qui t'attirent, je te propose de consolider tes réponses et de lister des métiers qui pourraient t'intéresser. Par exemple, sur le site du CIDJ (Centre d'Information de de Documentation Jeunesse), tu peux consulter des descriptifs de métiers par centre d'intérêt et par secteur d'activité ou te rendre directement dans les centres d'informations spécialisés en orientation scolaire et professionnelle. Informe-toi aussi sur **les secteurs qui recrutent et les métiers de demain**.

Puis complète la grille ci-dessous. Ainsi, tu vas définir des tendances, des domaines d'activités, des métiers et tu pourras alors investiguer plus dans le détail les formations ou les choix de spécialités les plus appropriés pour entrer dans ces secteurs/filières ou exercer ces métiers.

PS : Tes centres d'intérêts que tu as exprimés plus haut mais pour lesquels tu ne te sens pas capable de les faire aujourd'hui sont évidemment à prendre en compte. De même que ceux pour lesquels tu te sens capable mais qui ne t'intéressent pas aujourd'hui.

Tu trouveras des exemples dans le tableau ci-dessous.

Centres d'intérêts	Secteurs d'activités	Métiers
Eduquer Influencer …	Enseignement Assurance …	Professorat Formation Conseil en assurance …

a. Enquêtes métier

A l'instar des stages en entreprise, les **enquêtes métier** vont te permettre d'échanger avec des professionnels qui te communiqueront des informations te permettant de creuser un peu plus ton projet d'orientation. Renseigne-toi d'abord autour de toi, parents, amis, parents d'amis…

Tu peux décrocher ton téléphone ou envoyer un mail à la personne que tu souhaites rencontrer. Si besoin, demande à tes parents s'ils peuvent t'aider (à trouver les informations et non pas pour contacter les entreprises !). Tu peux trouver les informations sur Internet, les réseaux sociaux professionnels comme LinkedIn ou encore en appelant directement l'accueil de l'entreprise en vue.

A ce stade, **l'idée est de confirmer - ou non - l'analyse que tu as effectuée en amont**. Dans un premier temps, tu auras sélectionné la ou les entreprises qui t'intéressent et bien évidemment le métier qui pourrait t'attirer.

Soit par mail ou de vive voix, tu informes la personne de ta démarche pour construire ton projet d'orientation et que, dans ce cadre, tu souhaites l'interviewer car tu es très intéressé par son métier. Deux cas de figure : soit il accepte et vous prenez rendez-vous, soit il refuse. Dans ce dernier cas, continue à chercher un interlocuteur qui acceptera de prendre de son temps pour t'aider.

Dans un second temps, si le métier t'intéresse vraiment, tu pourras effectuer une recherche sur les formations possibles pour exercer tel ou tel métier. En effet, la personne rencontrée s'est sans doute formée. Toutefois, il est judicieux d'étudier les différents parcours possibles - s'il y en a plusieurs - et de rencontrer plusieurs personnes exerçant le même métier. En effet, par exemple, le métier de directeur financier dans une PME et dans une multinationale n'est pas exactement le même et ne nécessite pas forcément exactement les mêmes formations. Le contexte est important.

Avant de te rendre dans l'entreprise ou de discuter avec un professionnel, renseigne-toi sur son activité, ses produits…

Tu trouveras ci-dessous un exemple d'enquête métier :

- Date du jour :
- Nom de l'entreprise :
- Taille de l'entreprise en France et à l'étranger :
- Nombre d'employés :
- Secteur d'activité :
- Nom, Prénom :
- Profession :
- Pouvez-vous décrire votre profession ?
- Pouvez-vous me décrire une journée ?

- A votre avis, aujourd'hui quelles sont les qualifications nécessaires pour exercer votre métier ?
- D'après vous, quelles sont les compétences nécessaires (Savoirs, savoir-faire, savoir -être) ?
  Tu peux te référer à la partie relative aux compétences.
- Comment imaginez-vous votre métier dans 10 ans ?
- D'après-vous, quelles seront les compétences essentielles pour exercer votre métier dans dix ans.
- D'après-vous, quelles sont les écoles, universités…qui forment le mieux les jeunes aujourd'hui ?
- Prenez-vous des jeunes en stage ?

(N'hésite pas à poser d'autres questions qui te passent par la tête au cours de l'entretien).

A l'issue de ces enquêtes métier, tu t'apercevras qu'il peut y avoir des différences significatives entre la perception que l'on peut avoir d'un métier et la réalité terrain du professionnel qui l'exerce. Bien se renseigner sur les métiers auxquels on aspire, c'est le gage de ne pas se fourvoyer.

Aussi, il existe des sites Internet comme My job glasses, dema1n ou ExplorJob par exemple pour trouver un mentor, découvrir son métier et lui poser les questions.

Néanmoins, n'exclus pas de rechercher les coordonnées d'une entreprise et de les contacter directement - via les réseaux sociaux, par exemple - ce qui te permettra **de te démarquer** et de développer d'autres compétences essentielles comme ta capacité à trouver le bon contact et à convaincre ton interlocuteur de te recevoir.

b. Formations et compétences attendues

Tu as défini un certain nombre de métiers ou domaines grâce à ton analyse personnelle. Maintenant, je te propose de les lister et de définir quels sont les cursus conseillés, quels sont les prérequis en matière de spécialités et de compétences. Tu trouveras ces informations auprès des structures de conseil en orientation scolaire et professionnelle.

Pour connaître les **compétences attendues et les spécialités préconisées** par rapport aux cursus qui t'intéressent, tu peux te rendre sur le site de **Parcoursup** et **idéalement contacter directement l'école/l'université** pour leur poser la question.

Métier ou domaine	Cursus/Ecoles	Spécialités conseillées	Compétences attendues
Vétérinaire	Ecole vétérinaire	Mathématiques Option Mathématiques Science et vie de la terre Physique Chimie ... Source : Parcoursup	Faire preuve d'intérêts pour le monde animal en général Aptitude à décrire l'ensemble des métiers de vétérinaire. Capacité de communication ... Source : Parcoursup

Métier ou domaine	Cursus/Ecoles	Spécialités conseillées	Compétences attendues

Métier ou domaine	Cursus/Ecoles	Spécialités conseillées	Compétences attendues

10. Je fais un bilan et un plan d'action

Ça y est, tu as défini une liste de domaines et/ou métiers, les formations possibles et les compétences attendues. Tu as aussi listé tes compétences à ce jour.

Je te propose, tout d'abord, de récapituler toutes ces informations afin d'en avoir une vision synthétique :

Mon environnement - j'aimerais :

Ce qui est important pour moi :

Mes centres d'intérêts :

Les métiers ou domaines qui m'attirent :

Maintenant que tu as défini les formations qui t'intéressent et les compétences attendues, peut-être qu'il t'en manque certaines. Si c'est le cas, tu peux déterminer un plan d'action qui pourra te permettre de combler ces manques.

Je te propose donc d'analyser les écarts entre tes compétences aujourd'hui et les compétences attendues et de déterminer un plan d'action pour réduire ces écarts ou pour abandonner si ce n'est pas faisable et redéfinir tes objectifs.

Il peut aussi s'agir d'approfondir ou de travailler plus certaines matières, de choisir telles ou telles spécialités et/ou encore de t'investir dans des activités extra-scolaires comme adhérer à une association, devenir chef d'équipe dans ton club de sport, organiser des évènements, faire du théâtre.

Réussis ton orientation scolaire et professionnelle !

Formations ciblées	Compétences attendues dans les formations (Savoir/Savoir-faire/Savoir-être)	Mes compétences (Savoir/Savoir-faire/Savoir-être)	Plan d'action
Ecole vétérinaire	*Savoirs :* *Mathématiques* *Option Mathématiques* *Science et vie de la terre* *Physique Chimie ...* *Source : Parcoursup* *Savoir-être :* *Capacité de communication – (savoir-être)* *Faire preuve d'intérêt pour le monde animal* *Source : Parcoursup*	*Savoirs :* *J'ai un niveau « moyen » en mathématiques* *J'ai étudié l'hippologie pendant 10 ans* *Savoir-être :* *Je participe un petit peu* *Savoir-faire :* *J'ai pratiqué l'équitation pendant 10 ans*	*Mathématiques :* *Je travaille une heure de plus sur cette matière par semaine...* *Je m'inscris à des cours particuliers mercredi prochain.* *....* *Savoir-être :* *Je vais m'inscrire à un stage de théâtre les prochaines vacances scolaires* *Je participe plus en classe et à tous les cours au moins une fois par semaine.* *...* *Choisir les spécialités Sciences et Vie de la Terre et Physique-Chimie (Si tu es en seconde)*

Formations ciblées	Compétences attendues dans les formations (Savoir/Savoir-faire/Savoir-être)	Mes compétences (Savoir/Savoir-faire/Savoir-être)	Plan d'action

Réussis ton orientation scolaire et professionnelle !

Formations ciblées	Compétences attendues dans les formations (Savoir/Savoir-faire/Savoir-être)	Mes compétences (Savoir/Savoir-faire/Savoir-être)	Plan d'action

Formations ciblées	Compétences attendues dans les formations (Savoir/Savoir-faire/Savoir-être)	Mes compétences (Savoir/Savoir-faire/Savoir-être)	Plan d'action

Formations ciblées	Compétences attendues dans les formations (Savoir/Savoir-faire/Savoir-être)	Mes compétences (Savoir/Savoir-faire/Savoir-être)	Plan d'action

11. Je construis un CV

On y est presque !

Voilà tout ce que tu as déjà défini :

- Ce qui est important pour toi ;
- Ton environnement ;
- Tes centres d'intérêt ;
- Tes compétences ;
- Les secteurs d'activités qui t'attirent ;
- Les métiers et/ou les domaines qui t'intéressent ;
- Les formations requises pour viser ces métiers.

Maintenant, nous allons mettre en avant tous ces éléments dans un CV.

Remarque : tu pourras adapter ton CV en fonction de ta formation choisie. Cela est d'ailleurs conseillé. Mais même si tu prépares plusieurs CV pour viser différents types d'interlocuteurs, tu dois toujours t'assurer que ces différents CV restent cohérents entre eux.

Afin de t'aider à construire ton CV, je vais te montrer comment tu peux l'organiser grâce aux informations recueillis dans ce guide.

Tu trouveras aussi des modèles sur des sites spécialisées soit en environnement étudiant soit en design (comme Canva, par exemple). Ils reprennent tous à peu près la même trame mais ajoute le côté visuel marketing qui ne doit, d'ailleurs, pas être négligé.

<u>Les différentes rubriques d'un CV</u> :

- **Nom, prénom**
- **Adresse postale, mail, numéro de mobile et éventuellement site Internet**
- **Objectif :** Tu peux te référer à la définition d'un objectif et écrire un bref résumé.
- **Compétences** : dans cette rubrique tu vas inscrire ce qui correspond à tes « **savoirs** » que tu souhaites mettre en avant, développés en cours et dans tes activités extra-scolaires. N'hésite pas à mettre aussi en avant tes « savoir-être ».
  Exemple : Esprit d'équipe, rigueur, gestion du stress, esprit de compétition, capacités rédactionnelles…
- **Formations :** dans cette rubrique, tu listes tes formations et tes diplômes avec les dates correspondantes.
- **Langues :** tu listes les langues étudiées et précises ton niveau.

- **Expériences** : cette rubrique correspond à tes **savoir-faire** dans ton cadre **scolaire** et **extrascolaire.** Tu indiques le nom de l'entreprise, de l'association …. Les dates et ce que **tu as fait**.

Remarques : Les dates permettent de savoir combien de temps tu y as passé et donc dans quelle mesure tu as développé tes compétences. Tu peux avoir acquis ces mêmes compétences dans des missions ou expériences courtes.

Plus ton CV est détaillé et/ou fait ressortir une appétence pour un secteur d'activité ou domaine, par exemple la santé, le sport, la relation d'aide …, plus ton CV pourra se « démarquer du lot ».

Précision :

Le CV reste un document de synthèse qui met en lumière les points essentiels de ta personnalité, de tes compétences acquises, de ton parcours et de tes aspirations. Qui dit document de synthèse dit document court. Il doit idéalement tenir sur une page.

Exemples :

Entreprise Laya – Magasin de sport

Stage d'observation de 3ème de 1 semaine de telle date à telle date

- Participation à un inventaire (2 jours)
- Mise en rayon des articles de sport (rayon football)
- Interview du directeur du magasin et réalisation d'un podcast (Lien :   )
- …

Club de football de Ville

Janvier 2015-Décembre 2021

Bénévolat

- Organiser le calendrier des rencontres inter-villes (5 rencontres)
- Participer aux compétitions en tant que défenseur (environ 10 matchs par an)
- …

Mon site – Thème : Football
Date de création :
- Construction d'un site Internet sur WordPress
    - https/www.monsite.com

Remarque : Ce que tu as fait, permet de déduire d'autres compétences telles que ton savoir-être que tu as d'ailleurs précisé dans la rubrique compétences.

Centres d'intérêts :

Exemple : Football, Communication sportive, Voyages : Angleterre, …

Informatique : Pack Office - WordPress

Réseaux sociaux : Instagram…

Dans cet exemple, tu peux remarquer une appétence pour le football et la communication par exemple.

12. Je rédige mon projet motivé

Ton CV t'aidera à rédiger ton projet motivé. Il répondra aux questions suivantes :

- Quel est ton objectif, quel est ton projet ?
- Pourquoi postules-tu à telle formation ?
- Connais-tu sur le bout des doigts la formation pour laquelle tu postules ?
- Quelles sont tes compétences en phase avec la formation ciblée ?

Tu trouveras des exemples de projets motivés sur inspire-orientation.org.

Tout ce que tu as entrepris pour bâtir ton projet d'orientation comme

- Fixer tes objectifs,
- Apprendre à mieux te connaître et à définir tes compétences,
- T'informer sur les métiers, les cursus, les programmes,
- Contacter les établissements, les étudiants,
- Effectuer des enquêtes métiers, des stages,
- Rencontrer des professionnels de l'orientation,
- Établir un plan d'action et s'y tenir

témoigne de ta persévérance, de ta motivation, de ta capacité d'organisation, de ta capacité à prendre des initiatives, de ton ouverture d'esprit et de ta capacité à questionner des professionnels…

Tout cela sera synthétisé dans ton projet motivé que tu pourras utiliser dans Parcoursup ou ailleurs.

J'espère que ce livret aura été d'une aide précieuse pour la préparation ton projet. Prendre du temps est nécessaire et encore plus lorsque tu ne sais pas quoi faire plus tard.

Tu as accès aujourd'hui à énormément d'informations sur Internet : formations, métiers, mentors, témoignages des étudiants… Des spécialistes de l'orientation sont présents pour t'aider et t'informer. N'hésite pas à te rendre aux portes ouvertes des universités, écoles, centres de formation, sur les salons, aux rencontres pour découvrir un métier, échanger avec des professionnels, te renseigner sur les métiers de demain et les secteurs qui recrutent.

En effet, il est important de prendre conscience que t'informer est essentiel. Tout projet se travaille, s'analyse et **se mûrit**. Il est **personnel**. L'idéal est de toujours vérifier les informations à la source.

Un objectif peut s'atteindre **de différentes manières**. Certains feront une grande école, d'autres l'université ou se professionnaliseront plus tôt. La suite de ta carrière dépendra de tes objectifs et de ce que tu mettras en œuvre pour les atteindre. Ton atout sera surtout ta capacité à rebondir dans le cadre de **ton projet personnel.**

Tu changeras sans doute d'employeurs plusieurs fois dans ta vie, peut-être même que tu changeras de métier ou que tu créeras ta propre entreprise.

La formation ne concerne pas que les étudiants. Elle concerne aujourd'hui tout le monde et surtout tout au long de la vie.

L'orientation ne s'improvise pas !

© 2023 Elisabeth Vitrani
Édition : BoD - Books on Demand, info@bod.fr
Impression : BoD - Books on Demand, In de
Tarpen 42, Norderstedt (Allemagne)
Impression à la demande
ISBN : 978-2-3224-5060-2
Dépôt légal : octobre 2022